MES PETITS

CHAPITRES POLITIQUES

A L'OCCASION

DE LA COALITION

DE FÉVRIER 1839;

ET

RÉPONSE A M. DE CORMENIN;

PAR EDM. P. CAPDEVILLE.

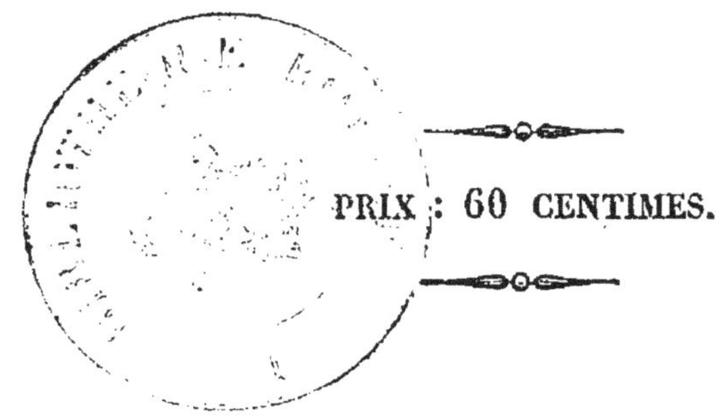

PRIX : 60 CENTIMES.

PARIS.

CHEZ TOUS LES LIBRAIRES MARCHANDS DE NOUVEAUTÉS,
AU PALAIS-ROYAL.

FÉVRIER 1839.

IMPRIMERIE DE TERZUOLO,
Rue Madame, n° 30.

MES PETITS

CHAPITRES POLITIQUES

A L'OCCASION

DE LA COALITION.

CHAPITRE PREMIER.

Ceci n'est que l'épigraphe du livre.

Une machine gouvernementale qui use ses rouages en moins de deux ans est essentiellement mauvaise. Il faut donc la changer ou la modifier si on ne veut compromettre le principe monarchique qu'elle est destinée à faire marcher.

Mais est-il opportun de faire ces changements? quels éléments substituer à ceux qui existent? La solution de ces questions ressortira de ce que je dirai plus loin; quant à présent, je dois me borner à faire une observation de principe.

Un ministre, fût-il donc d'un génie prodigieux, ne pourra voir, le jour même qu'il arrivera au pouvoir, tout ce qu'il y aura d'utile à faire pour le bien public; il aura besoin qu'on lui laisse le temps nécessaire pour observer et saisir les occasions propices.

Or, quelles grandes, quelles utiles occasions pourront se présenter dans le court espace de deux années? Pense-t-on qu'en si peu de temps Sully eût amélioré les finances comme il le fit, ou Colbert préparé les ordonnances qui ont immortalisé son nom, ou enfin Richelieu abattu la puissance des grands, de manière à ce qu'elle ne fût plus redoutable à la monarchie?

CHAPITRE II.

Coalition dans la Chambre élective et guerre de quinze jours.

Une massue énorme avait été faite avec des tronçons d'épées brisées, la plupart rouillées, quelques-unes seulement ayant conservé leur éclat.

Le but de cette conception était de terrasser tout d'un coup le ministère. Au jour marqué, les champions se rendent dans l'arène avec l'arme discourtoise, et livrent à leurs adversaires un combat à outrance. On entendait d'un côté des cris de mort, on voyait de l'autre une courageuse confiance dans le jugement de Dieu.

Cependant les forces se trouvaient à peu près égales, et les combattants étaient obligés, à la fin de chaque journée, de vider le champ de bataille et de se rendre sous leurs tentes respectives. Enfin, après quinze jours d'une lutte acharnée, la victoire s'est fixée du côté de la justice; mais une autre autorité, qui voyait dans les deux partis des éléments de discorde, que de nouveaux combats ne feraient qu'animer, malgré son peu de penchant pour les interventions, est néanmoins intervenue ici, et, en vertu de la puissance qu'elle tient de la loi fondamentale de l'Etat, a dissous et dispersé tous les combattants.

Il est bien vrai que cette dispersion n'est pas définitive, les deux armées vont se recruter; le chant de la victoire doit donc être suspendu jusqu'aux résultats. En attendant, je vais tâcher d'expliquer les causes et les effets probables de cette guerre singulière.

CHAPITRE III.

Incompréhension.

(Réponse à M. de Cormenin.)

Un de nos hommes d'état avait proclamé, que dans les états constitutionnels le roi règne et ne gouverne pas; cette idéalité avait été jetée comme une maxime dans la polémique des partis, et développée par une homme d'esprit.

Mais je demande à l'inventeur si dans un état, quel qu'il soit, où il y a un roi, ce roi ne doit pas être quelque chose; or, il ne serait rien s'il ne gouvernait pas. Qu'est-ce d'ailleurs que régner, dans la véritable acception de ce mot ? C'est, dit l'Académie, gouverner avec le titre de roi; le roi gouverne donc alors qu'il règne : il est donc inutile d'être deux pour cela.

Il faut bien se méfier des mots, et les surveiller avec soin à leur passage dans la langue, surtout s'ils peuvent devenir un principe. Il faut également se méfier des institutions dont l'avenir ne peut être calculé ; on finit souvent par en tirer des conséquences qui embarrassent et qui n'étaient pas dans les prévisions de leur auteur. La connétablie ne fut que peu de chose dans son origine, et à la fin les connétables étaient presque des rois. En sens inverse, si Clovis et Charlemagne furent des rois puissants, leur puissance, descendue, au moyen d'interprétations et d'empiétements jusqu'à Childéric III ou Louis le Fainéant, se trouva réduite à rien.

Qu'on ne s'y trompe pas, aussitôt qu'il sera établi en pratique que le roi règne et ne gouverne pas, nous aurons des maires du palais ou des ducs de France, et des souverains pontifes déclarant que celui qui est roi de fait doit en avoir le titre.

Si la subtilité dont je viens de parler pouvait être convertie en une pensée positive, je me flatterais de l'avoir devinée. Régner, disent ceux qui l'ont mise en avant, est une chose fort agréable : régnons donc à l'ombre d'un mot et d'une royauté nominale. Au fait, gouverner c'est régner; n'avons-nous pas d'ailleurs tous les embarras, tous les risques du trône? il est donc juste que nous en ayons les avantages. Je n'établis pas une hypothèse, je dévoile la vérité; c'est ainsi que raisonne l'ambition humaine, et malheureusement les actes ne se font pas long-temps attendre après le raisonnement.

Au surplus, je reviens à la distinction qu'on fait des rois constitutionnels avec les autres : où a-t-on pu prendre les motifs de cette distinction ? quels points de comparaison l'histoire a-t-elle fourni aux auteurs de la maxime ? L'Angleterre elle-même n'est pas un exemple, et ne pourra l'être qu'après avoir subi la réforme qui l'envahit. Qu'on remonte au règne du roi Guillaume après la révolution de 1688, et qu'on me dise si ce prince constitutionnel se contenta de régner sans gouverner.

Le règne de Napoléon aussi fut un règne constitutionnel, car il y avait alors, comme aujourd'hui, une charte et des pouvoirs qui contrebalançaient le sien, et le dogme de l'inviolabilité du prince, s'il n'était écrit en termes sacramentels dans la loi fondamentale de l'empire, se trouvait fortement empreint dans la croyance de tous les hommes paisibles. Eh bien, comment l'empereur aurait-il reçu de la bouche de M. Thiers la subtilité que le roi règne et ne gouverne pas?

On fait grand bruit en ce moment d'une lettre de M. de Cormenin, soutenant la même maxime; c'est une bonne fortune qu'une œuvre de ce piquant écrivain; on est bien sûr d'y trouver au moins de l'esprit. Je l'ai lue avec l'empressement qu'excite le nom de l'auteur, et je me suis souvenu du fameux discours de Mirabeau en faveur des assignats : Quelqu'un s'extasiant devant lui sur la force et l'éloquence de ce discours, il répondit : J'aurais bien mieux parlé si j'avais parlé contre; il est probable que M. de Cormenin aura fait la même réponse à ceux qui l'auront complimenté.

L'honorable publiciste, après avoir énuméré avec luxe les avantages faits au roi par la Charte, finit par prouver qu'il ne peut jouir d'aucun, autrement que de par les ministres. Il valait bien la peine de le faire si riche pour le faire mourir de faim au milieu de ses richesses! Quoi! son pouvoir ne s'élève même pas à la hauteur de la nomination d'un garde-champêtre; c'est en effet le cas de dire, avec la coalition, que le roi n'est pas grand'-chose.

Quant au gendarme sur lequel M. de Cormenin décharge sans façon ses pistolets, je suis tranquille, le meurtre ne doit s'exécuter que sous une condition qui n'aura jamais lieu, d'abord parce que l'honorable coalisé ne fera jamais rien qui lui vaille d'être arrêté, ensuite parce que je ne suppose pas au roi le moindre penchant pour les arrestations arbitraires; laissons donc les vaines hypothèses, et parlons raison, et surtout celle des faits.

J'étais créancier d'un mauvais débiteur ; comme il ne me payait pas, je prends jugement contre lui. Sur l'expédition du jugement je ne vois que le nom du greffier du tribunal, je me lève aussitôt, et j'allais courir au palais pour réclamer une autre expédition avec la signature du président; cela ne vaudrait rien, me dit mon huissier, celle du greffier est la seule qui puisse donner à ces actes le caractère de légalité nécessaire pour rendre les arrêts exécutoires. Fallait-il conclure que c'était le greffier qui avait jugé le procès, ou que c'était lui qui administrait la justice?

Maintenant je me mets à la place de mon débiteur. Si les juges en corps s'étaient présentés chez moi pour s'emparer de mon secrétaire ou de ma commode au profit du créancier, je les aurais mis à la porte, et s'ils avaient insisté avec violence, je les aurais tous tués de la même manière que M. de Cormenin tuerait les gendarmes. Mais qu'à la place du tribunal, un huissier patenté, selon l'usage, se fût présenté pour le même office, il aurait emporté mes meubles sans le moindre trouble de ma part, les aurait vendus sur la place du Châtelet, et aurait payé le créancier.

Aurait-il fallu également conclure que l'huissier était plus que le tribunal, et que c'était lui qui me forçait à payer? Non, sans doute; cet officier ministériel aurait exécuté la sentence du juge qui ne pouvait l'exécuter lui-même, le juge aurait décidé le procès en vertu des pouvoirs qu'il aurait tenus du roi, et le roi n'aurait donné ces pouvoirs qu'en exécution de la loi. En dernier lieu, c'eût été la puissance publique, la loi qui m'aurait exécuté.

Il résulte de cet exemple, qu'il y a des autorités qui ne peuvent faire ce qu'elles ont droit de faire faire par d'autres, parce que, dans un esprit d'ordre et de hiérarchie, la loi n'a pas jugé convenable de le permettre. C'est pour cela que le roi ne nomme pas les gardes champêtres, et les laisse nommer par ceux qui ont le pouvoir de lui; c'est pour cela aussi qu'il ne donnera pas l'ordre à un simple gendarme d'arrêter M. de Cormenin, non de peur qu'il le tue, mais parce que ces ordres ne le regardent pas.

La responsabilité ministérielle ne fait rien à la question, parce qu'elle n'est pas un obstacle à ce que le roi gouverne. En effet, si le roi conçoit un acte qui donne par ses conséquences de la crainte ou des scrupules à ses ministres, n'ont-ils pas le droit de se retirer? Et s'ils ne se retirent pas, s'ils le contre-signent, ils l'approuvent donc; enfin, s'ils l'approuvent, leur responsabilité ne devient-elle pas une chose toute naturelle? Pourquoi condamner le roi à n'avoir pas d'idées de gouvernement, et s'il en a de bonnes, pourquoi ne pas lui en faire un mérite auprès de la nation? Tout ce qui peut porter les Français à l'amour pour leur roi doit être saisi avec empressement; car il y a plus de moyens de stabilité dans cet amour que dans toutes les mesures administratives de ses ministres.

Lorsque MM. Thiers et Guizot faisaient partie

du cabinet, le roi gouvernait comme aujourd'hui, et c'est parce qu'il gouvernait que nous avons conservé la paix et recueilli les fruits qu'elle ne manque jamais de procurer. Si ces hommes d'état revenaient aux affaires, ils suivraient la même ligne de conduite, et ils auraient raison. Les Français qui se fient dans l'habileté de leur roi leur en sauraient gré.

CHAPITRE IV.

Reddition d'Ancône.

Le grief qui peut résulter du chapitre précédent se réduit à dire que le cabinet actuel est un véritable gâte-métier, et qu'il laisse tomber en quenouille la puissance ministérielle. Mais ce grief aurait été trop niais pour être mis dans l'adresse; la coalition en a donné d'autres sur lesquels elle comptait davantage : la reddition d'Ancône est le premier en rang. Cependant cet acte n'a eu lieu qu'en exécution d'un traité formel, et lorsque les raisons qui en avaient fait prendre possession avaient cessé d'exister. D'un autre côté, n'est-il pas probable que l'Autriche l'avait demandé assez haut pour qu'il y eût quelque inconvénient à le refuser ? La question se réduit donc à savoir si, dans la situation actuelle de l'Europe, nous avons mal fait de donner satisfaction à ce gouvernement. Or, la coalition était-elle en état de la résoudre ? connaissait-elle les motifs déterminants du cabinet ? enfin, pouvait-elle assurer consciencieusement qu'à la place des ministres elle aurait agi autrement qu'eux ?

Les ministres ont donné pour raison que cette place ne pouvait être conservée dans l'état de délabrement où elle se trouve, et que d'ailleurs le climat ne convenait pas à nos troupes. Les ministres ont dit cela, parce qu'ils ne voulaient pas dire autre chose. Ils ne comptaient pas beaucoup, je pense, sur le succès d'une semblable raison ; car ils savent bien que nos soldats avaient fini par se bien porter à Ancône, et que les Chambres ne leur auraient pas refusé des fonds pour y établir des points de défense dont la nécessité leur aurait été démontrée : il faut, par conséquent, supposer d'autres raisons que celles qui ont été données ; mais ces raisons ne peuvent-elles pas être d'une nature tellement délicate qu'il eût été fort imprudent de les livrer à la publicité ?

Il est cependant probable que l'Autriche envisagea dans l'origine l'occupation d'Ancône comme un moyen de la part du gouvernement français

de sonner, *en bon lieu*, le tocsin de l'insurrection
italienne dans le cas où les souverains du Nord
auraient voulu se mêler de nos affaires de juillet.
Cette place devenait alors un signal d'appui et
un point de ralliement pour les patriotes du
royaume lombardo-vénitien et de tous les autres
états de la péninsule qui auraient voulu faire cause
commune avec nous. Mais il est évident que l'état
de choses est changé. Les souverains ont senti
qu'il n'était plus temps de s'abandonner aux sentiments chevaleresques qui les animèrent en 1815;
que la paix, même avec les changements opérés
en 1830, valait mieux qu'une guerre, dont la
durée serait aussi incertaine que l'issue, et que
d'ailleurs Louis-Philippe, prince d'une haute
capacité, avait déjà donné et continuait à donner assez de preuves de son antipathie pour
le génie des révolutions pour qu'il fût temps de
faire cesser toutes les méfiances.

CHAPITRE V.

La question espagnole est plus complexe. Je
ne pense pourtant pas qu'il s'agisse encore d'en
faire une question de légitimité; car cette question est décidée depuis long-temps. En effet, si

Philippe V a pu, en vertu de la puissance consti-
tutive dont il était investi, introduire en Espagne
une loi française qui changeait l'ordre de succes-
sion au trône suivi jusqu'alors, Ferdinand VII,
dont la puissance était égale, a pu de son côté
répudier la loi étrangère et remettre en vigueur
dans toutes leurs dispositions les anciennes con-
stitutions du royaume.

Si donc les gouvernements européens devaient
s'armer pour la légitimité, ils le feraient pour
Isabelle, car seule elle est reine légitime d'Espagne; mais derrière elle se trouve le parti radi-
cal, son allié, sans doute, par une antipathie plus
grande pour le prétendant que pour elle, mais au
fond son ennemi et ne visant qu'à la renverser du
trône.

Le contrepoids de don Carlos empêche ou au
moins retarde la catastrophe : pourquoi donc les
puissances s'en mêleraient-elles ? Il est vrai que
l'humanité crie au secours; mais à qui porter secours sans danger de violer les principes, ou sans
manquer de cette politique ou de cette pru-
dence qui soutient les états? L'Espagne est comme
une belle maison livrée aux flammes; il n'est personne qui ne déplore ce malheur, mais on est
forcé de la laisser brûler, par l'impossibilité où
l'on est d'éteindre le feu; la seule chose à faire

actuellement, c'est d'empêcher la communication de l'incendie, et plus tard d'en conserver les restes.

CHAPITRE VI.

Traité des 24 articles.

La coalition voulait dans l'adresse au roi exprimer les sympathies de la France pour les Belges; mais les termes étaient plutôt propres à les détourner de se soumettre aux traités qu'à les y porter.

Que la Chambre, que la France éprouvent de l'entraînement pour ce peuple, qu'elles le lui expriment avec cette force de langage qui vient du cœur, cela se conçoit très-bien : les Belges ont été nos frères, les mêmes lois nous ont régis, ils parlent la même langue et ont la même religion que nous; enfin il y a entre eux et nous une alliance de famille qui semble devoir confondre nos intérêts. Mais convenait-il, par des paroles imprudentes et en opposition avec les traités qui se passaient, de leur donner des espérances d'une intervention qui ne peut pas avoir lieu? Convenait-il surtout de faire tomber ces sepérances de si haut?

Les traités des 30 mars 1814 et 20 novembre

1815 avaient assorti les Hollandais et les Belges; c'était une nécessité géographique et le seul moyen de former en faveur du roi Guillaume un royaume d'une certaine convenance : mais la nature et l'habitude avaient mis entre eux un principe répulsif qui, réagissant violemment en 1830, les sépara pour toujours. Les puissances de l'Europe jugèrent qu'il y aurait du danger à les réunir de nouveau : elles décidèrent en conséquence qu'on ferait des Pays-Bas deux royaumes au lieu d'un. Mais il ne fallait pas donner tout-à-fait gain de cause au génie de l'insurrection, ni mécontenter entièrement un prince aussi résolu que le roi de Hollande; c'est à cet effet que la conférence de Londres fit aux deux parties une part à peu près égale, et déclara qu'une portion du Limbourg et du Luxembourg serait rendue aux Pays-Bas.

Les puissances n'ont pas agi *jure proprio*, comme on cherche à le leur reprocher, mais paternellement, afin d'éviter une conflagration générale qu'une guerre prolongée entre les deux nations n'aurait pas manqué de produire. C'est un arbitrage de droit naturel, appartenant à tous ceux qui ont le pouvoir matériel d'empêcher deux hommes de s'entre-tuer.

Le traité des 24 articles a été long-temps, il

est vrai, sans recevoir la sanction de toutes les parties, et la Belgique, qui s'est accoutumée à la possession du territoire qu'on lui redemande, ne se soucie pas de le rendre, mais il faut qu'elle puisse le garder; or elle ne le peut pas seule, elle ne le pourrait même pas avec nous, et nous finirions immanquablement par succomber dans cette lutte inégale. Les encourager dans des pensées contraires était donc une imprudence, et la Chambre a fait preuve d'un excellent esprit en repoussant de l'adresse des expressions qui tendaient à ce but.

Cependant le projet d'adresse de la commission n'a pas été sans effet. Les paroles encourageantes qu'elle renfermait sont arrivées par voie détournée à l'oreille des Belges, et ce peuple enthousiaste y a vu la preuve des bonnes dispositions de la France pour lui, et, au lieu de se conformer à la nécessité, il s'est mis en état de guerre. De son côté, le roi Léopold a secondé cet élan, et le premier acte qu'il ait fait pour témoigner de sa résolution a été de placer un général polonais dans l'armée.

La Prusse et l'Autriche se sont ressenties de cette espèce d'hostilité, et ont rappelé leurs ambassadeurs de la cour de Bruxelles; il ne reste donc en apparence qu'à tirer le canon.

Les personnes habituées à calculer les probabilités **ne** s'effraient pas de ces préliminaires. L'enthousiasme des Belges est un effet de leur caractère, et la démonstration du roi un moyen de s'acclimater au pays; mais la raison viendra pour tout le monde, et l'épée **ne** quittera pas le fourreau.

Je ne veux pas dire cependant que Léopold ne soit un brave, je mentirais à l'opinion générale; je ne veux pas dire non plus qu'il ne fût dignement soutenu par son peuple; enfin je reconnais que l'histoire nous fournit des exemples de succès tellement surprenants obtenus dans des combats disproportionnés en forces, qu'elle peut justifier jusqu'à un certain point les espérances des Belges. Mais si on réfléchit à la manière dont l'art de la guerre se trouve perfectionné dans tous les états de l'Europe, on sentira que les parties belligérantes doivent avoir des armées à **peu** près égales pour pouvoir compter sur la victoire.

CHAPITRE VII.

Conclusion des six premiers chapitres.

La main d'un père est moins lourde quand elle punit que celle d'un étranger, elle est aussi

plus généreuse quand elle récompense et plus fi-
dèle quand elle administre ; j'en conclus qu'il faut
que le roi, père du peuple, soit dans l'état tout
ce qu'il est possible d'y être et n'en quitte pas le
gouvernail pour le livrer à des hommes qui n'ont
pas le même intérêt que lui à le bien diriger.

Quant aux griefs contre les ministres, ceux
qui sont apparents ne valent rien, et vraisembla-
blement les autres ne valent pas mieux, car ce
n'est que dans l'intrigue et l'ambition qu'ils ont
pu être puisés.

CHAPITRE VIII.

Manœuvre et contre-manœuvre.

La coalition avait dit : Renversons les ministres
et mettons-nous à leur place ; mais comme avec
la Chambre actuelle notre majorité pourrait être
douteuse, nous la dissoudrons, afin que le pays
se prononce clairement sur la politique du cabinet actuel.

Au surplus, les résultats de cette conception ne
sont pas incertains. En effet, nous serons maîtres
du terrain, nous nous imposerons par conséquent aux préfets, et notre élection est assurée.
Nous verrons en outre se réunir à nous ces es-

prits indécis qui ne savent marcher que sous la bannière du pouvoir; enfin nous aurons les fonctionnaires publics, phalange soumise, condamnée à se porter sur toutes les aires de vent où la girouette de l'autorité vient s'arrêter; ainsi nous aurons une majorité immense pour témoigner de la supériorité de nos principes.

Ce n'était là qu'une véritable fiction, car les mêmes députés, ou les mêmes nuances d'opinion, seraient à peu près revenus, par conséquent la question n'aurait fait aucun progrès véritable ; il y aurait eu seulement cette différence que quelques-uns d'entre eux avaient dit non avec M. Molé et qu'ils auraient dit oui avec M. Thiers.

Cependant le ministère a vu du danger dans ce plan, et pour déjouer la coalition il s'est décidé à rester aux affaires et à prendre lui-même l'initiative de la dissolution. De cette manière, les ministres conserveront sur les élections l'influence attachée au pouvoir; et s'ils opèrent habilement, il y aurait bien du malheur s'ils ne gagnaient quelques voix. Enfin les fonctionnaires publics resteront dans leur parti, qu'ils auraient été obligés d'abandonner sous le ministère de la coalition.

Dans tous les cas, et en supposant que la majorité vînt à se balancer après comme avant la dissolution , les coalisés n'auraient pas à faire sonner si haut les prétendus applaudissements du pays.

Cette contre-manœuvre ne paraît pas avoir été du goût de la coalition. Aussi la dissolution de la Chambre a-t-elle été prise en mauvaise part par la presse opposante.

CHAPITRE IX.

Mon opinion sur la dissolution.

J'en demande pardon aux ministres ; mais je crois qu'ils se sont beaucoup trop pressés à dissoudre la Chambre : car la majorité leur était acquise pour toute la session , majorité modeste, j'en conviens ; mais en fait de majorités on les prend comme elles sont. M. Dupin, un des coalisés à ce qu'on dit, s'est bien contenté d'une voix pour la présidence, pourquoi ont-ils voulu être plus fiers que M. Dupin?

Qu'on observe bien que la coalition, se composant d'éléments hétérogènes et même incompatibles, devait essentiellement se diviser dans les questions d'un intérêt isolé ; or le gouvernement aurait vu de cette manière sa majorité s'accroître dans la proportion de ces divisions.

À la vérité, venait à la fin le budget, et les mi-

nistres tremblent toujours de peur de le voir rejeter, mais il n'y avait rien à craindre; nous ne
sommes pas encore arrivés à ce point d'opposition irritante où les Chambres oseraient refuser
le budget. Ces sortes de coups-d'état ne peuvent
réussir que lorsque le peuple est malheureux par
suite de quelque grande calamité. Mais lorsqu'il
est aussi heureux qu'il peut l'être, et que par les
bienfaits de la paix et d'une bonne administration
il peut, comme aujourd'hui, se livrer à tous les
genres de travail et d'industrie, un pareil essai ne
réussirait pas, et l'on verrait les impôts se payer
sans effort en vertu d'ordonnances comme en
vertu du budget. Au reste, je reviendrai sur cette
hypothèse.

Une dissolution suppose toujours une cause
fâcheuse; les esprits s'en émeuvent, on cherche à
la pénétrer, et, en attendant, l'argent se resserre,
les spéculations se ralentissent et le commerce
souffre. Il ne faut recourir à ce moyen que dans
les cas d'une nécessité reconnue. Or, ce n'était
pas ici le cas. A la sérénité du ciel, au calme qui
existait ailleurs que dans la Chambre, il était
évident que les cris que poussait la coalition
n'étaient que les craquements de l'intrigue qui
cherchait à opérer un déplacement dans la nature politique.

Au surplus, la dissolution de la Chambre remet en question ce qui était décidé en faveur du cabinet. Supposons, en effet, que cette Chambre revienne telle qu'elle était, partagée en deux fractions à peu près égales, que feront les ministres? Se retireront-ils? Mais ce sera convenir que la France désapprouve le système politique suivi jusqu'à ce jour; et cela ne serait pas vrai, car il est impossible que la France soit lasse de la paix qui fait son bonheur, et désire la guerre qui en ramènera tous les maux. Au contraire, resteront-ils avec leur majorité exiguë? Mais alors pourquoi la dissolution, pourquoi ce coup de tête qui pouvait compromettre la tranquillité publique? Il ne doit jamais sortir d'à côté du trône des mesures *ab irato*.

Cependant je conclus que la dissolution aurait été bonne, dans la supposition que les ministres eussent été forcés de se retirer; mais je ne conviens pas qu'il fût indispensable qu'ils se retirassent, et par conséquent que la dissolution dût avoir lieu.

CHAPITRE X.

La cause première de toutes les intrigues est dans la Charte.

Un article de la Charte porte que les Chambres votent les impôts; on en conclut qu'elles peuvent le refuser, et on soutient ce système, en disant que le budget n'est qu'une loi, qu'aucune disposition de la Charte ne place dans une exception, et que par conséquent les Chambres peuvent le rejeter puisqu'elles peuvent rejeter toutes les lois qu'on leur propose.

Mais la Charte porte aussi qu'elle garantit les engagements contractés par l'état, à quelque titre que ce soit. Or, aucune loi ne peut renfermer deux principes destructifs l'un de l'autre : le premier qui oblige, le second qui dispense de faire en même temps une même chose.

Ainsi, puisque la Charte garantit le paiement des charges de l'état, le devoir du roi est de payer, celui des Chambres d'accorder les fonds nécessaires.

Admettre dans la même loi une autre disposition disant le contraire, c'est évidemment supposer que le législateur s'est trompé.

On dit que les Chambres n'useront de ce droit

que dans des circonstances imminentes, et alors
seulement que les ministres sortiront des limites
qui leur sont tracées par la Charte.

Je réponds que cela se verra chaque fois que
les ambitieux auront pu réunir dans la Chambre
assez de partisans pour opérer un changement de
ministère ; n'en trouvons-nous pas un exemple
dans ce qui vient de se passer. Il est vrai que la
coalition ne s'est essayée que sur l'adresse; mais,
si la dissolution n'était venue déjouer l'intrigue,
elle aurait agi de la même manière lorsqu'il aurait
été question de voter le budget.

Cependant quels étaient donc les présages de
tempêtes que l'horizon politique présentait ?
Quelles circonstances imminentes menaçaient nos
institutions ou notre liberté? Que ceux qui ont
fait tant de bruit répondent.

Il y a une vérité que l'expérience a rendue in-
contestable, c'est que tout homme ou toute réu-
nion d'hommes qui a un droit, finit toujours par
l'exercer. Si donc les Chambres ont celui de refuser le budget, il faut considérer comme certain
qu'elles le refuseront. Supposons maintenant que
le refus ait lieu à raison de la composition du ministère, c'est-à-dire d'un acte qui se trouve plei-
nement dans les prérogatives constitutionnelles
du roi, ne sera-ce pas violer ces prérogatives,

faire le partage du lion? Et si le roi ne cède pas, s'il veut sa part de la puissance publique, telle que la Charte la lui a faite, y aura-t-il une armée pour la couronne et une armée pour le parlement? et Louis-Philippe ira-t-il à l'échafaud comme Charles Ier? Convenons que la question est grave.

Je sais bien que la coalition va chercher à nous rassurer sur de si funestes conséquences, mais le plus sûr est de ne pas se fier à ses paroles. Si la cause existe, l'effet aura lieu. Or, je prédis, sans être grand prophète, que lorsque les Chambres auront avili le roi en le forçant à leur céder de ses droits, il y aura un Cromwell à la porte des Tuileries.

CHAPITRE XI.

Remède au mal.

Ne touchez pas à l'arche sainte, vont crier les voix de l'opposition, et souvenez-vous de 1830. Je me souviens très-bien de cette époque, j'y étais; et cependant si j'étais le maître, je toucherais à l'arche sainte.

Je n'y toucherais pas, il est vrai, par un coup-d'état à la manière du dernier règne; mais je soumettrais la question aux Chambres et à la France entière, et ce qui sortirait de cet accord serait la règle de conduite de tout le monde.

Je dirais au pays : Vos députés se croient le droit de rejeter le budget; mais s'ils le rejettent, comment payer les rentes sur l'état , nourrir et entretenir l'armée, acquitter le salaire des employés, des fonctionnaires publics, des ministres de votre religion? Le refus du budget va laisser pendant un an un million dans la bourse des contribuables, et le défaut de circulation fera horriblement souffrir l'industrie et le commerce. Enfin les travaux publics setrouveront suspendus, et des milliers d'ouvriers mourront de faim ou chercheront dans le trouble et dans le crime des moyens d'existence.

Le pays répondrait, j'en suis certain : Que les députés exercent leur surveillance sur toutes les dépenses de l'état, qu'ils suppriment celles qui sont inutiles, qu'ils diminuent celles qui seront exagérées, enfin qu'ils empêchent que les richesses du trésor ne soient gaspillées par les hommes du pouvoir: mais qu'ils ne compromettent pas la splendeur et la dignité du trône, en le privant de sa liste civile; qu'ils ne poussent pas l'armée au désordre, à l'insurrection et au pillage en lui refusant ce qui est nécessaire à sa subsistance et à son entretien; enfin qu'ils respectent les engagements contractés par l'état et garantis par la Charte, et accordent les fonds indispensables pour les remplir.

Alors deux moyens se présenteraient de se conformer aux injonctions du pays : ce serait d'introduire cette réponse dans la loi fondamentale, ou de décider que dans le cas où le budget serait rejeté par les Chambres, les impôts continueraient à être perçus d'après les rôles des contributions de l'année précédente, sauf aux ministres à rendre compte à la première session des fonds mis à leur disposition par des ordonnances royales.

CHAPITRE XII.

Simple histoire.

Un jour que la viande de boucherie était rare à Constantinople, le cuisinier d'une compagnie de janissaires fut assez malheureux pour n'en pas trouver ; il est vrai qu'il avait été paresseux à se rendre au marché. Connaissant le traitement que sa négligence lui vaudrait de la part de ses chefs, il s'en retournait tristement à la caserne, murmurant tout haut contre les gens chargés des approvisionnements de la ville. Un homme marchait

à côté de lui : Que vous est-il donc arrivé de fâ-
cheux, mon brave homme? lui dit-il avec des
marques d'intérêt. Par Mahomet, lui répondit le
cuisinier, il vous est aussi inutile de me le de-
mander qu'à moi de vous le dire, car vous n'y
pouvez rien : le grand-seigneur a seul le pouvoir
de remédier au mal dont je me plains. L'inconnu
le presse avec douceur de lui apprendre le sujet
de son chagrin, et il le lui dit en faisant observer
que le grand-visir et les principaux officiers né-
gligeaient le bien public pour s'occuper de leurs
affaires personnelles, et que s'il était à leur place,
le choses iraient autrement, et que l'on ne verrait
jamais la ville manquer des provisions nécessaires
à l'existence du peuple. Maintenant, ajouta-t-il,
quel avantage tirerez-vous de la connaissance de
mon aventure? croyez-vous que je serai moins
battu pour vous l'avoir racontée? Disant cela, il
se sépare de l'inconnu; celui-ci, qui n'était autre
que le grand-seigneur lui-même, fit réflexion, en
s'en retournant au sérail, à ce que le cuisinier des
janissaires lui avait dit. Soit qu'il voulût éprouver
sa suffisance, soit que les princes se plaisent à
faire voir leur puissance en élevant aux premières
dignités des hommes qui, par leur naissance ou
leur position sociale, ne paraissaient pas destinés
à les remplir, il l'envoya chercher aussitôt qu'il

fut arrivé. Le pauvre cuisinier, reconnaissant dans le grand-seigneur l'homme à qui il avait parlé si familièrement, se jeta tout tremblant de peur à ses pieds, s'imaginant que ce qu'il avait dit du visir et du gouvernement allait lui coûter la vie; mais il en arriva tout autrement. Le grand-seigneur l'encouragea, et lui dit qu'il voulait le faire premier visir, pour éprouver s'il était assez habile homme pour remédier aux abus contre lesquels il avait déclamé; et, afin qu'il passât par les degrés qu'il fallait pour y parvenir, il le fit sur-le-champ premier gentilhomme de sa chambre, le lendemain capitaine, le jour d'après aga ou général des janissaires, enfin premier visir.

Lorsque Kiuperli, c'était son nom, fut revêtu de cette grande charge, il ne fit pas seulement ce qu'il avait promis au sujet des approvisionnements des subsistances, mais il devint bientôt un des meilleurs ministres d'état qu'ait eus la Turquie.

CHAPITRE XIII.

Le cercle vicieux.

Un certain nombre d'hommes, appelés hommes d'état, hommes capables, forment depuis long-temps le cercle qui tourne autour du trône. Faut-il un ministre, un ambassadeur, un haut fonctionnaire, c'est toujours là qu'on le prend; mais comme ces hommes se poussent, se culbutent et se déplacent sans cesse, le roi ne peut poser sa main qu'au hasard, et souvent il attrape ceux qu'il n'aurait pas voulu.

N'est-ce pas déplorable de voir un souverain d'une capacité aussi éminente que celui que nous avons, sous prétexte qu'il est roi constitutionnel, mené à la lisière comme un enfant, et obligé de prendre les conseils de ceux dont il méprise les sentiments, et d'éloigner de lui les personnes qu'il estime et qu'il aime !

Je serais sans doute un mauvais roi selon la Charte et selon les ambitieux; mais si je l'étais, et que j'eusse de bons ministres, je les garderais; j'aurais bientôt brisé le cercle d'intrigue dont je viens de parler, et je me garderais bien de composer le cabinet avec les hommes qui, pour se rendre nécessaires et s'imposer à moi, auraient fait naître des circonstances difficiles.

J'ai déjà fait connaître, au chapitre X, une première cause des perturbations périodiques excitées dans le but de renverser les ministres; j'en signalerai deux autres qui n'y contribuent pas moins. L'une vient de ce que le roi se croit obligé de prendre ses ministres dans les Chambres, ce qu'il fait toujours à peu près dans une proportion égale; mais il me semble que cet usage est plutôt propre à nourrir et à fomenter l'intrigue qu'à toute autre chose. Si on choisissait les ministres en dehors des Chambres, et que la composition du ministère leur devînt ainsi indifférente, elles se livreraient exclusivement à leurs travaux législatifs, voteraient les lois à l'abri de toute influence, et jamais on ne verrait se former dans leur sein des coalitions semblables à celles que l'ordonnance de dissolution vient de disperser.

Il résulterait encore de là un autre avantage immense : c'est que les ministres resteraient longtemps aux affaires, et pourraient devenir des hommes d'état consommés. Des ministres capables seraient surtout nécessaires pendant les périodes malheureuses où les rois pauvres en qualités gouvernementales auraient besoin d'une main ferme pour tenir le gouvernail de l'état.

La troisième cause de perturbation que j'ai à signaler est plus éloignée, et prend son origine dans la forme même de notre gouvernement. Je veux parler de la tribune publique; je viens de mettre le doigt sur une plaie profonde, d'autant plus difficile à cicatriser, qu'elle plaît à la jeunesse et irrite ses espérances ambitieuses. Cependant elle mine l'ordre social.

La tribune publique est un point culminant de la société, en vue à tous les intérêts, à toutes les passions, et qui a la propriété de les attirer. Depuis qu'elle existe, depuis qu'elle a montré à la génération naissante le chemin des honneurs et de l'autorité, il n'est presque personne qui ne se trouve à l'étroit dans sa sphère. On s'efforce donc d'en sortir, et l'on se porte vers les classes supérieures ; mais qu'en arrivera-t-il tôt ou tard, qu'en arrivera-t-il peut-être bientôt, c'est que, semblables aux matières qui vont préparer la foudre au haut de l'atmosphère, cette superfétation d'ambitieux amoncelés sur les sommités sociales, y excitera de violents orages.

La tribune ne forme que les avocats, les hommes d'état se font dans la solitude du cabinet et la pratique des affaires. Si Périclès fut un homme d'état, il est démontré que Démosthène ne le fut point. Cicéron ne le fut pas davantage, et sa conduite à la mort de César en fait foi. — De notre temps, quelle preuve de talent oratoire et d'improvisation a-t-on de M. de Metternich? Et cependant l'Europe regarde ce prince comme un grand ministre. Enfin le maréchal Soult n'a certainement jamais débité aux Chambres une de ces périodes éloquentes qui décèlent l'orateur ; mais ses nombreux faits d'armes le rangent-ils moins parmi les plus grands capitaines qui aient existé, ses talents administratifs et d'organisation n'en font-ils pas un administrateur du premier ordre ?

On m'opposera sans doute l'Angleterre, et l'on me demandera si les Fox, les Pitt et les Canning ne furent pas aussi hommes d'état qu'orateurs ? Je ne m'en défends point, l'Angleterre est une exception ; la qualité d'homme d'état est une qualité du crû, elle naît du patriotisme des habitants. Ce sentiment est si égoïste chez les Anglais, qu'ils ont l'esprit sans cesse occupé de ce qui peut augmenter la puissance de leur patrie et rabaisser celle des autres gouvernements. On sent bien qu'une tension soutenue vers ce but doit les rendre éminemment propres à gérer les affaires publiques.

Au surplus, je n'induirai pas de cette exception que la tribune nationale soit une bonne chose même en Angleterre, et je suis persuadé que, lors même qu'elle y serait supprimée, le nombre des hommes d'état serait bien loin d'y diminuer.

Que conclure de tout cela ? Rien encore ; mais le moment viendra où l'on posera dans une juste balance le bien et le mal que la tribune publique aura produits, et qu'on sentira la nécessité de la supprimer en modifiant la loi qui l'a créée.

CHAPITRE XIV.

De la presse périodique.

Il existe une quatrième cause de perturbation dont je veux m'occuper ; c'est la presse périodique. Cette presse est un autre point élevé de la société, placé à quelque distance de la tribune publique. Un jour je m'en approchai, et je vis sur l'un des côtés de la bannière le but pompeux de son institution, j'étais jeune et aimais la liberté ; je me sentis l'âme ravie, et j'écrivis. Mais je vis aussitôt s'ouvrir pour moi le chemin des déserts de Sinnamari.

La persécution ne corrige pas ; elle ne détruisit donc pas en moi les impressions que j'avais reçues. La presse me parut encore long-temps une digue puissante propre à retenir le pouvoir dans ses limites, et une magistrature magnanime toujours prête à défendre les citoyens contre l'oppression.

Cependant un grand génie alla s'asseoir sur le trône brisé des Bourbons, et il dépassa de beaucoup les limites que la presse était chargée de défendre, et la presse ne dit rien; il opprima nos libertés, et elle ne dit rien encore; enfin il nous conduisit au despotisme par le chemin de la gloire, et ma surprise fut grande de voir la presse le louer.

Plus tard d'autres rois bien meilleurs, mais beaucoup moins forts que lui, vinrent rétablir les libertés publiques et la presse dans ses droits; mais la presse n'en usa que pour les renverser. Je m'aperçus alors que je n'avais regardé que l'un des côtés de sa bannière ; je voulus voir l'autre, mais grand dieu qu'il était différent du premier !

Il est clair aujourd'hui pour moi que la presse périodique n'est pas aussi intéressante que je l'avais cru, et qu'un grand nombre d'écrivains ne l'exercent que dans l'unique but de gagner de l'argent.

Si elle défend l'opprimé, c'est à tant la ligne ; l'innocence et la vertu sont jaugées comme les annonces du fabricant de chapeaux.

Si vous n'avez pas d'argent, vous resterez sans défenseurs ; je me trompe, lorsqu'il s'agira de scandale, vous la verrez s'agiter, crier à l'oppression, à l'injustice, mais à ses cris vous comprendrez qu'elle n'a d'autre intention que d'appele des abonnés.

On l'a vue se vendre, se faire amortir et changer rapidement d'enseigne selon la position de l'acheteur.

Cette terrible puissance renverse les réputations les mieux établies lorsqu'elle a intérêt à les détruire, et de l'homme immoral elle en fait un héros s'il appartient à la coterie.

Il y a, dit-on, deux presses, l'une bonne et l'autre mauvaise; mais elles ne sont telles que par rapport à l'opinion politique de la personne qui les juge.

L'une d'elles se dit indépendante et accuse l'autre d'être subventionnée; dans mon opinion, la seule différence qui existe entre elles, c'est que celle-ci est payée aujourd'hui et que celle-là le sera demain.

Quant aux actes de l'autorité, il est bien convenu qu'il n'y en a aucun de bon au dire de la presse opposante, et aucun de mauvais à celui de la presse ministérielle; mais que le pouvoir vire de bord, qu'on choisisse d'autres pilotes, et ce qui était bon avant ne vaudra rien après.

Cependant tous les journaux ne doivent pas être rangés dans la même catégorie; il en est *jusqu'à trois que je pourrais nommer,* qui se recommandent par la gravité de leurs principes, la noblesse des sentiments qu'ils expriment et la sagesse de la rédaction. Mais aucun d'eux n'a cette bonne foi, ni cette impartialité, ni enfin ce généreux courage si nécessaire à l'espèce de magistrature qu'ils exercent.

Malgré cela, le besoin de distractions politiques et littéraires est si grand dans le public, le goût du sarcasme et du sel attique si général, qu'on lit les journaux avec autant d'avidité que jamais; il est vrai qu'ils ne portent plus dans l'âme cette inquiétude patriotique qui faisait une partie de leur puissance d'autrefois, mais c'est parce qu'il y a lassitude dans les esprits, et il est probable que si par une circonstance quelconque les populations retrouvaient leur ancienne énergie, les journaux seraient encore dangereux.

La conséquence de ce chapitre, c'est qu'il faut laisser au public cet aliment qui lui plaît, et opposer avec persévérance aux excès de de la presse les dispositions salutaires de la loi de septembre, dont j'invoque le maintien.

CHAPITRE XV.

Résumé.

Je voulais tracer dans une longue série de chapitres le plan d'un gouvernement constitutionnel que j'ai déjà conçu depuis long-temps. Mais est-il bien certain que la loi de septembre me permettent de le faire ? Ce n'est pas à celui qui vient de reconnaître la nécessité de cette loi, à la violer le premier : j'ajourne donc mon projet jusqu'à ce que la question soit jugée.

En attendant, je me résume en exprimant le vœu :

1° Que le gouvernement donne à l'article de la Charte un sens plus rationnel, et en fasse l'objet d'un projet de loi à présenter aux Chambres dans la session qui va s'ouvrir ;

2° Que le roi renonce à prendre ses ministres dans les Chambres, comme un moyen sûr d'étouffer le germe de toute coalition et d'avoir constamment la majorité ;

3° Enfin que la loi de septembre reste en vigueur, comme une digue propre à arrêter les excès de la presse.

FIN.